Inhalt

Der gläserne Kunde - Verbraucherschützer nehmen Kundenkarten unter die Lupe

Kernthesen

Beitrag

Fallbeispiele

Weiterführende Literatur

Impressum

Der gläserne Kunde - Verbraucherschützer nehmen Kundenkarten unter die Lupe

E.Krug

Kernthesen

- Obwohl konkrete Gesetzwidrigkeiten im Moment nicht nachzuweisen sind, befürchten die Datenschützer, dass durch viele Kunden- und Bonuskarten, die heute im Umlauf sind, der endgültig gläserne Kunde nur noch eine Frage der Zeit ist. (1), (2), (3)
- Im Rahmen von CRM-Strategien sind Kundenkarten zu einem äußerst beliebten Marketinginstrument herangewachsen.

Nicht zuletzt wegen der klaren Verstöße gegen die Richtlinien (Beispiel: RFID-Kundenkarten im Future Store) fordern Verbraucherschützer massivere Gesetze und Prüfinstanzen. (1), (2), (4), (5)
- Die Anbieter weisen die Vorwürfe vehement zurück, da der Sinn und Zweck von Kundenkarten die Kundenbindung und der Dialog mit dem Kunden ist, nicht die totale Durchleuchtung eines Verbrauchers und der Missbrauch gesammelter Daten. (1), (6)

Beitrag

Die Kundenkarten haben bereits seit einiger Zeit einen festen Platz in der Geldbörse des Verbrauchers. Dass es über die Zahl der Kundenkarten, die in Deutschland im Umlauf sind, unterschiedlichste Informationen gibt, die zwischen 50 Millionen Kärtchen (TNS Emnid) und 70 Millionen (diverse andere Marktforschungsunternehmen) schwanken, sei einmal dahingestellt, für den Verbraucher ist die Anzahl in seinem Portemonnaie verwirrend genug. Die Unternehmen bauen dennoch darauf, dass die Kundenkarten den Kundenbindungsprozess positiv unterstützen. So erhoffen sich Einzelhandelskonzerne neben einer loyalen Bindung, wichtige Informationen über das Käuferverhalten. (1), (6)

Die Frage nach Gewährleistung von Datenschutz im Rahmen von Kundenkartensystemen war von jeher ein Thema. Die Unerfahrenheit der Verbraucher in Bezug auf Datenschutz und mangelnde Kontrolle veranlasste die Verbraucherzentrale Bundesverband (VZBV) dazu, beim Unabhängigen Landeszentrum für Datenschutz (ULD) Schleswig-Holstein eine Studie in Auftrag zu geben. Das Ergebnis, dass vor allem die Anbieter von Rabattkarten in Deutschland flächendeckend gegen den Datenschutz verstoßen und die Diskussion über RFID-Kundenkarten erklären den aktuellen Stellenwert, den das Thema momentan einnimmt. (1), (2), (3)

Vorwürfe der Verbraucherschützer

Die Verbraucherschützer bemängeln vor allem, dass Kundenkartensysteme dem Konsumenten häufig mehr Daten als erforderlich abverlangen. Fragen zu Alter und Geschlecht sind fast selbstverständlich. Darüber hinaus werden die Verbraucher oft um Angaben zu Beruf, Einkommen, persönliche Interessen etc. gebeten. Meist sind auf dem Antragsformular nur unklare Informationen darüber zu finden, dass diese Angaben auf freiwilliger Basis erfolgen können. Hinweise sind oft nicht ausreichend

und selten klar verständlich als solche gekennzeichnet, Geschäftsbedingungen teilweise nur lose beigelegt. Hinzu kommt, dass die Antragsteller nur bedingt oder sogar gar nicht über ihre Rechte informiert werden oder im Gegensatz dazu mit einer gewaltigen kleingedruckten Informationsflut überfordert werden, diese genervt beiseite legen und somit mehr Informationen über sich preisgeben, als erforderlich. Nicht selten fordern Betreiber von den Konsumenten die pauschale Bewilligung der Weitergabe der Daten und machen im Endeffekt die Teilnahme an Bonusprogrammen davon abhängig. Fazit ist, dass sehr viele Kundenbindungssysteme mehr Daten als notwendig sammeln, um Kundenprofile und Kundenverhalten zu erforschen und die Daten womöglich der Werbung und Marktforschung zur Verfügung stellen.
Ganz zu schweigen davon, dass die Daten über Jahre hinweg archiviert werden, da die handelsrechtliche Aufbewahrungspflicht dies erfordert. So befürchten Verbraucherschützer einen möglichen Missbrauch von Daten, der heute noch nicht absehbar ist. (1), (2), (3)

Reaktion auf die Vorwürfe

Den Vorwurf des Datenmissbrauchs wehren die

Betreibergesellschaften massiv ab und sehen dahinter eine unbegründete Hysterie der Datenschützer. Ebenso weisen die Anbieter die Kritik, den Verbraucher nur unzureichend oder gar nicht zu informieren, weit von sich. Es sei deutlich gekennzeichnet, ob es sich um Pflicht- oder freiwillige Angaben handelt und eine Nutzung der Daten für Marketing- und Marktforschungszwecke würden die Kunden durch ihre Unterschrift erlauben. Die Abfragen für Werbung etc. angeschlossener Partnerunternehmen würden anonym verlaufen und alle anfallenden Daten sofort nach Versand wieder gelöscht.
Laut einer Umfrage von TNS Emnid über Bonusprogramme aus Sicht der Verbraucher lesen zwei Drittel der Kunden die Hinweise zum Datenschutz und ca. drei Viertel sind mit der Form der Einwilligung auf dem Anmeldeformular einverstanden.
Wahlloses Sammeln von Daten liege definitiv nicht im Interesse der Unternehmen. Diese seien nicht an den privaten Daten einzelner Kunden interessiert, sondern an einem positiven Dialog mit dem Kunden und einer erfolgreichen Kundenbindung. (1), (3), (6)

Spezialfall RFID-Kundenkarten

Der Datenschutz im Bereich von Kundenkartensystemen ist außerdem verstärkt in den Blickpunkt gerückt, weil die RFID-Technik, die derzeit im Future Store der Metro AG in Rheinberg getestet wird, zum Gegenstand massiver Kritik geworden ist.
RFID (Radio Frequency Identification) bedeutet die Identifikation eines Gegenstandes mit Hilfe von Funkübertragung. Ein RFID-Tag besteht aus einem kleinen Speicherchip, welches mit einer Antenne gekoppelt ist.
Kritiker haben schon Anfang Februar 2004 darauf hingewiesen, dass die Kunden im Future Store ausspioniert werden könnten. Durch Zufall hätte man festgestellt, dass die Payback-Kundenkarten mit RFID-Chips ausgestattet seien. Mit den, im Geschäft aufgestellten Antennen, könne man Funksignale der Kundenkarten empfangen und damit genau feststellen, welcher Kunde sich wann, wo in den Verkaufsräumen aufhält und somit sein Kaufverhalten auskundschaften. Experten sprechen von einer neuen Qualität der Überwachung. Das Sammeln und Speichern von zusätzlichen Informationen und Daten widerspricht den aktuellen Richtlinien zum Datenschutz. Aufgrund dessen haben Datenschützer das Management der Metro AG aufgefordert, die Versuche mit der RFID-Technik einzustellen. Wegen der Diskussion hat der Handelskonzern den Einsatz der mit RFID-Chips

ausgestatteten Kundenkarten gestoppt und tauscht die rund 10 000 ausgegebenen Kundenkarten gegen herkömmliche Payback Karten mit Barcode um. (4), (7), (8), (9)

Fallbeispiele

Studie zum Thema: Datenschutz bei Kundenkarten

Die Studie wurde durchgeführt vom Unabhängigen Landeszentrum für Datenschutz (ULD)Auftraggeber: Verbraucherzentrale Bundesverband (VZBV) Untersucht wurden unter anderem die Kundenkarten Payback, Lufthansa Miles & More, Happy Digits, Bahn Comfort, Shell ClubSmart, Apothekenkarten Häufigste Verstöße: Sammeln von Daten über die gekauften Waren, fehlende Aufklärung über Datenschutzrechte, unzureichende Einwilligungserklärungen darüber, wie die Angaben verwendet werden (1), (10), (11)

Studie zum Thema: Bonusprogramme aus Sicht der Verbraucher

Die Studie wurde durchgeführt von TNS EmnidAuftraggeber: Loyalty Partner GmbH (Betreiberfirma des Bonusprogramms Payback der Kaufhof AG)
Ergebnis: Payback Kartennutzer setzen sich bewusst mit dem Thema Datenschutz auseinander (67 Prozent der Kunden lesen die Hinweise zum Datenschutz und entschließen sich dann erst zur Teilnahme, 77 Prozent fühlen sich ausreichend über Datenschutz informiert) (1), (3)

Beispiel für Firmen, die sich gegen Missbrauch von Kundendaten stark machen wollen

In Hamburg wollen sich diverse Unternehmen für ein bundesweites Gütesiegel für den Umgang mit persönlichen Daten von Konsumenten einsetzen. Dazu gehören die Hamburgischen Elektrizitätswerke (HEW), der HVV, die Haspa und Radio Hamburg. Die Verbraucher-Zentrale Hamburg plädiert dafür, dass die Kunden ein Einverständnis aktiv geben und nicht aktiv verweigern müssen. Außerdem versicherten die genannten Unternehmen, dass sie die Kundendaten nicht nach außen weitergeben würden. (12)

Weiterführende Literatur

(1) Bayer, Martin; Betreiber von Rabattsystemen sollen flächendeckend gegen Datenschutz verstoßen, Verbraucherschützer rügen Kundenkarten, Computerwoche, 16.01.2004, S. 10-11
aus Impulse vom 01.01.2004, Seite 58

(2) Das Datenschutzgesetz ergänzen
aus Lebensmittel Zeitung 04 vom 23.01.2004 Seite 038

(3) Verbraucherschützer warnen vor Kundenkarten
aus acquisa, Heft 01/2004, S. 14

(4) O. V.; Lückenlos dokumentiert RFID-Technik löst Barcode-Etiketten ab, c't - Magazin für Computertechnik, Heft 03, 2004, S. 46
aus acquisa, Heft 01/2004, S. 14

(5) Informationswirtschaft
aus PASSWORD, Heft 2/2004, S. 33

(6) Spannagel, Josef; Kunden-Management/Kundenbindung/Technische Umsetzung stellt hohe Anforderungen,

Computerwoche, 12.03.2004, S. 50-51
aus PASSWORD, Heft 2/2004, S. 33

(7) Metro stoppt Kundenkarten mit Funkchip im Future Store
aus Frankfurter Allgemeine Zeitung, 06.03.2004, Nr. 56, S. 22

(8) O. V.; Proteste von Datenschutzaktivisten zeigen Wirkung, Computerwoche, 12.03.2004, S. 14
aus Frankfurter Allgemeine Zeitung, 06.03.2004, Nr. 56, S. 22

(9) Metro geht einen Schritt auf Datenschützer zu
aus Lebensmittel Zeitung 10 vom 05.03.2004 Seite 028

(10) Mehr Datenschutz bei Bonuskarten
aus Lebensmittel Zeitung 49 vom 05.12.2003 Seite 045

(11) Studie: Kundenkarten verstoßen gegen Datenschutz
aus c't - Magazin für Computertechnik, 26/2003, S. 36

(12) BONUSPROGRAMME Hamburger Firmen sind gegen den Missbrauch von Kundendaten. Gütesiegel für Kundenkarten
aus Hamburger Abendblatt, Jg. 56, 03.12.2003, Nr. 282, S. 19

Impressum

Der gläserne Kunde - Verbraucherschützer nehmen Kundenkarten unter die Lupe

Bibliografische Information der deutschen Nationalbibliothek

Die Deutsche Nationalbibliothek verzeichnet diese Publikation in der deutschen Nationalbibliografie; detaillierte bibliografische Daten sind im Internet über http://dnb.d-nb.de abrufbar.

ISBN: 978-3-7379-0701-9

© 2015 GBI-Genios Deutsche Wirtschaftsdatenbank GmbH, Freischützstraße 96, 81927 München, www.genios.de

Alle Rechte vorbehalten. Dieses Werk ist einschließlich aller seiner Teile – z.B. Texte, Tabellen und Grafiken - urheberrechtlich geschützt. Jede Verwertung außerhalb der Grenzen des Urheberrechtsgesetzes bedarf der vorherigen Zustimmung des Verlags. Dies gilt insbesondere auch für auszugsweise Nachdrucke, fotomechanische

Vervielfältigungen (Fotokopie/Mikroskopie), Übersetzungen, Auswertungen durch Datenbanken oder ähnliche Einrichtungen und die Einspeicherung und Verarbeitung in elektronischen Systemen.